BEING TRANSFORMED JOURNAL

JANUARY - APRIL 2024

newsongpeople.com

JANUARY - APRIL 2024

New Testament:
Matthew

Old Testament:
Genesis, Exodus, Ruth

Extra/Family:
Psalm 1- 77, Lent & Easter

Memory Work:
Colossians 3:1-17

THIS JOURNAL BELONGS TO:

_____

NAME

_____

PHONE NUMBER

New Song Church Family,

Back in May of 2023, the Holy Spirit began to impress on us the need for a pathway that would allow our church family to read every word of the Bible. We considered countless plans and spent days praying and asking the Lord to guide us, and He did! **Over the next three years, we will read through every book, chapter, and verse of scripture.**

While some reading plans demand a swift year-long sprint and can leave participants breathless and a little discouraged, we'll take a slower, more intentional pace.
We designed this plan to help you savor just one chapter a day and, occasionally, two to three shorter chapters. **The goal is not to read the entire Bible in X amount of days. The goal is to read all the way through the Bible with understanding.**

Each journal will have portions of the New and Old Testament. This blend prevents the weariness that can sometimes set in when reading long portions from the Old Testament. In this journal, we will read through Matthew, Genesis, Exodus, and Ruth from January through April.

We have also included extra portions of scripture- such as a Psalm a day and an Easter/Lent 40-day reading plan. We encourage the extra reading to be read aloud and in addition to the Every Word daily reading. If you have children at home, the extra reading is meant to be read at the dinner table, at bedtime, or perhaps listened to on your daily commute.

We invite you to embark on a transformative journey through the sacred pages of the Bible. We believe as apprentices of Jesus, it's our duty to read The Word of God. And we know that the more consistently we read, meditate, study, and memorize His Word, the more it will be to us the joy and rejoicing of our hearts, and the more we will be transformed into His Image!

On the following pages, you will find information about the SOAP method- prompts that may be helpful before you head into the daily sections of this journal, along with a powerful letter that Scottish Pastor Robert Murray M'Cheyne wrote to his flock in 1842 as they embarked on a transformative journey through scripture.

We suggest you read through the different ways we hope will maximize your time in studying God's Word.

Love,
Pastors Josh & Sarah

Robert Murray M'Cheyne (1813-1843) created a yearly Bible reading plan for his church when he was just 29 years old. Many Christians still use his method today! What an impact he had in his short time on the earth. We felt compelled to share his letter to his congregation in Dundee, Scotland, with you! Although we are reading through the Bible in three years instead of one- these dangers and advantages still apply.

MY DEAR FLOCK, -- The approach of another year stirs up within me new desires for your salvation, and for the growth of those of you who are saved. "God is my record how greatly I long after you all in the bowels of Jesus Christ." What the coming year is to bring forth who can tell? There is plainly a weight lying on the spirits of all good men, and a looking for some strange work of judgment upon this land. There is a need now to ask that solemn question -- "If in the land of peace wherein thou trustedst, they wearied thee, then how wilt thou do in the swelling of Jordan?"

Those believers will stand firmest who have no dependence upon self or upon creatures, but upon Jehovah our Righteousness. **We must be driven more to our Bibles, and to the mercy-seat,** if we are to stand in the evil day. Then we shall be able to say, like David – "The proud have had me greatly in derision, yet have I not declined from Thy law." "Princes have persecuted me without a cause, but my heart standeth in awe of Thy word."

It has long been in my mind to prepare a scheme of Scripture reading, in which as many as were made willing by God might agree, so that the whole Bible might be read once by you in the year, and all might be feeding in the same portion of the green pasture at the same time.

I am quite aware that such a plan is accompanied with many **DANGERS**.

(1.) Formality. – We are such weak creatures that any regularly returning duty is apt to degenerate into a lifeless form. The tendency of reading the Word by a fixed rule may, in some minds, be to create this skeleton religion. This is to be the peculiar sin of the last days – "Having a form of godliness, but denying the power thereof." Guard against this. Let the calendar perish rather than this rust eat up your souls.

(2.) Self-righteousness. – Some, when they have devoted their set time to reading of the Word, and accomplished their prescribed portion, may be tempted to look at themselves with self-complacency. Many, I am persuaded, are living without any Divine work on their soul – unpardoned and unsanctified, and ready to perish – who spend their appointed times in secret and family devotion. This is going to hell with a lie in their right hand.

(3.) Careless reading. – Few tremble at the Word of God. Few, in reading it, hear the voice of Jehovah, which is full of majesty. Some, by having so large a portion, may be tempted to weary of it, as Israel did of the daily manna, saying – "Our soul loatheth this light bread;" and to read it in a slight and careless manner. This would be fearfully provoking to God. Take heed lest that word be true of you – "Ye said, also, Behold what a weariness is it! and ye have snuffed at it, saith the Lord of Hosts."

(4.) **A yoke too heavy to bear.** – Some may engage in reading with alacrity for a time, and afterwards feel it a burden, grievous to be borne. They may find conscience dragging them through the appointed task without any relish of the heavenly food. If this be the case with any, throw aside the fetter, and feed at liberty in the sweet garden of God. My desire is not to cast a snare upon you, but to be a helper of your joy.

If there be so many dangers, why propose such a scheme at all? To this I answer, that the best things are accompanied with danger, as the fairest flowers are often gathered in the clefts of some dangerous precipice.

Let us weigh **THE ADVANTAGES.**

(1.) **The whole Bible will be read through** in an orderly manner in the course of a year. – The Old Testament once, the New Testament and Psalms twice. I fear many of you never read the whole Bible; and yet it is all equally Divine, "All Scripture is given by inspiration of God, and is profitable for doctrine, for reproof, for correction, and instruction in righteousness, that the man of God may be perfect." If we pass over some parts of scripture, we shall be incomplete Christians.

(2.) **Time will not be wasted in choosing what portions to read.** – Often believers are at a loss to determine towards which part of the mountains of spices they should bend their steps. Here the question will be solved at once in a very simple manner.

(3.) **Parents will have a regular subject upon which to examine their children.** – It is much to be desired that family worship were made more instructive than it generally is. The mere reading of the chapter is often too like water spilt on the ground. Let it be read by every member of the family before-hand, and then the meaning and application drawn out by simple question and answer. The calendar will be helpful in this. Friends, also, when they meet, will have a subject for profitable conversation in the portions read that day. The meaning of difficult passages may be inquired from the more judicious and ripe Christians, and the fragrance of simpler Scriptures spread abroad.

(4.) **The pastor will know in what part of the pasture the flock are feeding.** – He will thus be enabled to speak more suitably to them on the Sabbath; and both pastor and elders will be able to drop a word of light and comfort in visiting from house to house, which will be more readily responded to.

(5.) **The sweet bond of Christian love and unity will be strengthened.** – We shall be often led to think of those dear brothers and sisters in the Lord, here and elsewhere, who agree to join with us in reading those portions. We shall oftener be led to agree on earth, touching something we shall ask of God. We shall pray over the same promises, mourn over the same confessions, praise God in the same songs, and be nourished by the same words of eternal life.

Robert Murray M'Cheyne
December 1842

NOTE TO SELF,

Dear _____,
　　　　YOUR NAME

This is you from 2023. I just wanted to remind you that you committed to doing this Being Transformed journal for 120 days.

I know you wanted to make sure you were daily abiding in God's Word so that _____.
　　　　WHAT DO YOU WANT TO SEE GOD DO? HOW DO YOU WANT TO GROW?

Remember, transformation takes time. Lean into the process. Be gentle with yourself, and if you need support or accountability reach out to _____.
　　FRIEND/LOVED ONES NAME

Love you so much!
Thank you for doing this!

_____
　　YOUR NAME

STUDY TOOLS

RECOMMENDED COMMENTARIES:

NIV Application Commentary

Enduring Word Commentary by David Guzik
also available in the app store for free

Christ Centered Exposition

WEBSITES/APPS/PODCASTS:

Blue Letter Bible - Greek/Hebrew meanings, Commentaries, Concordances, Dictionaries all in one spot. The tools are conveniently linked to each verse. (APP & WEBSITE)

Bible Hub - Good collection of commentaries, sermons, dictionaries, and devotionals. (APP & WEBSITE)

Bible Project - Podcast, Website, YouTube Videos. Try Googling the book of the Bible you are about to read + Bible Project and check out some of their videos. (APP, WEBSITE, YOUTUBE, PODCAST)

Through the Word - A podcast that breaks scripture down one chapter at a time in just 10 minutes a day. (PODCAST)

Devotionals written by New Song Pastors available at newsongpeople.com/transformed (BLOG)

SOAP METHOD

Each week we have provided pages that are dedicated to daily devotionals. Each day, we will list a portion of Scripture to read through. We suggest asking the Holy Spirit to highlight a portion of the daily Scripture reading for you to soak in, observe, apply, and pray about. This is called the **"SOAP"** method. Read below to learn more about this method.

SCRIPTURE
Read slowly and thoughtfully through the passage. Pick a verse or two that stood out to you and write it in your journal. Read some commentaries on the verses or dig deeper with websites and apps like Blue Letter Bible, Enduring Word, The Bible Project, Bible Gateway, and Bible Hub.

OBSERVATION
Write some observations about these verses. What is this passage or verse saying? What does it reveal about God? About people? How is Christ revealed in this passage?

APPLICATION
Write a few sentences on how these verses apply to your life. Is there a truth about God that you want to focus on? Is there a promise to receive and thank God for? Is the Holy Spirit convicting you of something you need to do or stop doing in light of God's truth?

PRAYER
Write out a prayer to God in response to this Scripture. This is a way to turn God's Word to you back to Him. Be honest and express your heart to Him.

MONDAY, JANUARY 1

EVERY WORD: **MATTHEW 1** EXTRA/FAMILY: **PSALM 1**

❏ **S**CRIPTURE ❏ **O**BSERVATION ❏ **A**PPLICATION ❏ **P**RAYER

ADDITIONAL NOTES:

DAILY GRATITUDE:

TUESDAY, JANUARY 2

EVERY WORD: **MATTHEW 2** EXTRA/FAMILY: **PSALM 2**
❏ **S**CRIPTURE ❏ **O**BSERVATION ❏ **A**PPLICATION ❏ **P**RAYER

ADDITIONAL NOTES:

DAILY GRATITUDE:

WEDNESDAY, JANUARY 3

EVERY WORD: **MATTHEW 3** EXTRA/FAMILY: **PSALM 3**
❑ **S**CRIPTURE ❑ **O**BSERVATION ❑ **A**PPLICATION ❑ **P**RAYER

ADDITIONAL NOTES:

DAILY GRATITUDE:

THURSDAY, JANUARY 4

EVERY WORD: **MATTHEW 4**   EXTRA/FAMILY: **PSALM 4**

❑ **S**CRIPTURE   ❑ **O**BSERVATION   ❑ **A**PPLICATION   ❑ **P**RAYER

ADDITIONAL NOTES:

DAILY GRATITUDE:

FRIDAY, JANUARY 5

EVERY WORD: **MATTHEW 5** EXTRA/FAMILY: **PSALM 5**
❑ **S**CRIPTURE ❑ **O**BSERVATION ❑ **A**PPLICATION ❑ **P**RAYER

ADDITIONAL NOTES:

DAILY GRATITUDE:

SATURDAY, JANUARY 6

EVERY WORD: **MATTHEW 6** EXTRA/FAMILY: **PSALM 6**
❑ **S**CRIPTURE ❑ **O**BSERVATION ❑ **A**PPLICATION ❑ **P**RAYER

ADDITIONAL NOTES:

DAILY GRATITUDE:

SUNDAY, JANUARY 7

EVERY WORD: **MATTHEW 7** EXTRA/FAMILY: **PSALM 7**
❏ **S**CRIPTURE ❏ **O**BSERVATION ❏ **A**PPLICATION ❏ **P**RAYER

ADDITIONAL NOTES:

DAILY GRATITUDE:

MESSAGE NOTES

ADDITIONAL NOTES:

WHAT IS THE HOLY SPIRIT SAYING TO ME?
IF I REALLY BELIEVE THIS HOW WOULD IT MAKE ME DIFFERENT?
HOW CAN I PRAISE GOD FOR THIS TRUTH?
WHAT SINS CAN I CONFESS?

MONDAY, JANUARY 8
EVERY WORD: **MATTHEW 8** EXTRA/FAMILY: **PSALM 8**
❑ **S**CRIPTURE ❑ **O**BSERVATION ❑ **A**PPLICATION ❑ **P**RAYER

ADDITIONAL NOTES:

DAILY GRATITUDE:

TUESDAY, JANUARY 9

EVERY WORD: **MATTHEW 9** EXTRA/FAMILY: **PSALM 9**

❑ **S**CRIPTURE ❑ **O**BSERVATION ❑ **A**PPLICATION ❑ **P**RAYER

ADDITIONAL NOTES:

DAILY GRATITUDE:

WEDNESDAY, JANUARY 10
EVERY WORD: **GENESIS 1** EXTRA/FAMILY: **PSALM 10**
❏ **S**CRIPTURE ❏ **O**BSERVATION ❏ **A**PPLICATION ❏ **P**RAYER

ADDITIONAL NOTES:

DAILY GRATITUDE:

THURSDAY, JANUARY 11

EVERY WORD: **GENESIS 2** EXTRA/FAMILY: **PSALM 11**
❏ **S**CRIPTURE ❏ **O**BSERVATION ❏ **A**PPLICATION ❏ **P**RAYER

ADDITIONAL NOTES:

DAILY GRATITUDE:

FRIDAY, JANUARY 12
EVERY WORD: **GENESIS 3** EXTRA/FAMILY: **PSALM 12**
❏ **S**CRIPTURE ❏ **O**BSERVATION ❏ **A**PPLICATION ❏ **P**RAYER

ADDITIONAL NOTES:

DAILY GRATITUDE:

SATURDAY, JANUARY 13
EVERY WORD: **GENESIS 4** EXTRA/FAMILY: **PSALM 13**
❑ **S**CRIPTURE ❑ **O**BSERVATION ❑ **A**PPLICATION ❑ **P**RAYER

ADDITIONAL NOTES:

DAILY GRATITUDE:

SUNDAY, JANUARY 14
EVERY WORD: **GENESIS 5** EXTRA/FAMILY: **PSALM 14**
❑ **S**CRIPTURE ❑ **O**BSERVATION ❑ **A**PPLICATION ❑ **P**RAYER

ADDITIONAL NOTES:

DAILY GRATITUDE:

MESSAGE NOTES

ADDITIONAL NOTES:

WHAT IS THE HOLY SPIRIT SAYING TO ME?

IF I REALLY BELIEVE THIS HOW WOULD IT MAKE ME DIFFERENT?

HOW CAN I PRAISE GOD FOR THIS TRUTH?

WHAT SINS CAN I CONFESS?

MONDAY, JANUARY 15

EVERY WORD: **GENESIS 6** EXTRA/FAMILY: **PSALM 15**
❏ **S**CRIPTURE ❏ **O**BSERVATION ❏ **A**PPLICATION ❏ **P**RAYER

ADDITIONAL NOTES:

DAILY GRATITUDE:

TUESDAY, JANUARY 16

EVERY WORD: **GENESIS 7** EXTRA/FAMILY: **PSALM 16**
❏ **S**CRIPTURE ❏ **O**BSERVATION ❏ **A**PPLICATION ❏ **P**RAYER

ADDITIONAL NOTES:

DAILY GRATITUDE:

WEDNESDAY, JANUARY 17
EVERY WORD: **GENESIS 8** EXTRA/FAMILY: **PSALM 17**
❏ **S**CRIPTURE ❏ **O**BSERVATION ❏ **A**PPLICATION ❏ **P**RAYER

ADDITIONAL NOTES:

DAILY GRATITUDE:

THURSDAY, JANUARY 18
EVERY WORD: **GENESIS 9** EXTRA/FAMILY: **PSALM 18:1-19**
❑ **S**CRIPTURE ❑ **O**BSERVATION ❑ **A**PPLICATION ❑ **P**RAYER

ADDITIONAL NOTES:

DAILY GRATITUDE:

FRIDAY, JANUARY 19
EVERY WORD: **GENESIS 10-11** EXTRA/FAMILY: **PSALM 18:20-50**
❏ **S**CRIPTURE ❏ **O**BSERVATION ❏ **A**PPLICATION ❏ **P**RAYER

ADDITIONAL NOTES:

DAILY GRATITUDE:

SATURDAY, JANUARY 20

EVERY WORD: **GENESIS 12** EXTRA/FAMILY: **PSALM 19**
❏ **S**CRIPTURE ❏ **O**BSERVATION ❏ **A**PPLICATION ❏ **P**RAYER

ADDITIONAL NOTES:

DAILY GRATITUDE:

SUNDAY, JANUARY 21

EVERY WORD: **GENESIS 13** EXTRA/FAMILY: **PSALM 20 & 21**

❏ **S**CRIPTURE ❏ **O**BSERVATION ❏ **A**PPLICATION ❏ **P**RAYER

ADDITIONAL NOTES:

DAILY GRATITUDE:

MESSAGE NOTES

ADDITIONAL NOTES:

WHAT IS THE HOLY SPIRIT SAYING TO ME?
IF I REALLY BELIEVE THIS HOW WOULD IT MAKE ME DIFFERENT?
HOW CAN I PRAISE GOD FOR THIS TRUTH?
WHAT SINS CAN I CONFESS?

MONDAY, JANUARY 22

EVERY WORD: **GENESIS 14**   EXTRA/FAMILY: **PSALM 22**
❏ **S**CRIPTURE ❏ **O**BSERVATION ❏ **A**PPLICATION ❏ **P**RAYER

ADDITIONAL NOTES:

DAILY GRATITUDE:

TUESDAY, JANUARY 23

EVERY WORD: **GENESIS 15**   EXTRA/FAMILY: **PSALM 23**
❏ **S**CRIPTURE   ❏ **O**BSERVATION   ❏ **A**PPLICATION   ❏ **P**RAYER

ADDITIONAL NOTES:

DAILY GRATITUDE:

WEDNESDAY, JANUARY 24
EVERY WORD: **GENESIS 16** EXTRA/FAMILY: **PSALM 24**
❏ **S**CRIPTURE ❏ **O**BSERVATION ❏ **A**PPLICATION ❏ **P**RAYER

ADDITIONAL NOTES:

DAILY GRATITUDE:

THURSDAY, JANUARY 25

EVERY WORD: **GENESIS 17** EXTRA/FAMILY: **PSALM 25**

❑ **S**CRIPTURE ❑ **O**BSERVATION ❑ **A**PPLICATION ❑ **P**RAYER

ADDITIONAL NOTES:

DAILY GRATITUDE:

FRIDAY, JANUARY 26
EVERY WORD: **GENESIS 18** EXTRA/FAMILY: **PSALM 26**
❏ **S**CRIPTURE ❏ **O**BSERVATION ❏ **A**PPLICATION ❏ **P**RAYER

ADDITIONAL NOTES:

DAILY GRATITUDE:

SATURDAY, JANUARY 27
EVERY WORD: **GENESIS 19** EXTRA/FAMILY: **PSALM 27**
❏ **S**CRIPTURE ❏ **O**BSERVATION ❏ **A**PPLICATION ❏ **P**RAYER

ADDITIONAL NOTES:

DAILY GRATITUDE:

SUNDAY, JANUARY 28

EVERY WORD: **GENESIS 20** EXTRA/FAMILY: **PSALM 28**
❑ **S**CRIPTURE ❑ **O**BSERVATION ❑ **A**PPLICATION ❑ **P**RAYER

ADDITIONAL NOTES:

DAILY GRATITUDE:

MESSAGE NOTES

ADDITIONAL NOTES:

WHAT IS THE HOLY SPIRIT SAYING TO ME?
IF I REALLY BELIEVE THIS HOW WOULD IT MAKE ME DIFFERENT?
HOW CAN I PRAISE GOD FOR THIS TRUTH?
WHAT SINS CAN I CONFESS?

MONDAY, JANUARY 29
EVERY WORD: **GENESIS 21** EXTRA/FAMILY: **PSALM 29**
❏ **S**CRIPTURE ❏ **O**BSERVATION ❏ **A**PPLICATION ❏ **P**RAYER

ADDITIONAL NOTES:

DAILY GRATITUDE:

TUESDAY, JANUARY 30

EVERY WORD: **GENESIS 22** EXTRA/FAMILY: **PSALM 30**
❏ **S**CRIPTURE ❏ **O**BSERVATION ❏ **A**PPLICATION ❏ **P**RAYER

ADDITIONAL NOTES:

DAILY GRATITUDE:

WEDNESDAY, JANUARY 31
EVERY WORD: **GENESIS 23** EXTRA/FAMILY: **PSALM 31**
❏ **S**CRIPTURE ❏ **O**BSERVATION ❏ **A**PPLICATION ❏ **P**RAYER

ADDITIONAL NOTES:

DAILY GRATITUDE:

THURSDAY, FEBRUARY 1
EVERY WORD: **GENESIS 24** EXTRA/FAMILY: **PSALM 32**
❏ **S**CRIPTURE ❏ **O**BSERVATION ❏ **A**PPLICATION ❏ **P**RAYER

ADDITIONAL NOTES:

DAILY GRATITUDE:

FRIDAY, FEBRUARY 2
EVERY WORD: **GENESIS 25** EXTRA/FAMILY: **PSALM 33**
❑ **S**CRIPTURE ❑ **O**BSERVATION ❑ **A**PPLICATION ❑ **P**RAYER

ADDITIONAL NOTES:

DAILY GRATITUDE:

SATURDAY, FEBRUARY 3
EVERY WORD: **GENESIS 26** EXTRA/FAMILY: **PSALM 34**
❑ **S**CRIPTURE ❑ **O**BSERVATION ❑ **A**PPLICATION ❑ **P**RAYER

ADDITIONAL NOTES:

DAILY GRATITUDE:

SUNDAY, FEBRUARY 4

EVERY WORD: **GENESIS 27** EXTRA/FAMILY: **PSALM 35**
❑ **S**CRIPTURE ❑ **O**BSERVATION ❑ **A**PPLICATION ❑ **P**RAYER

ADDITIONAL NOTES:

DAILY GRATITUDE:

MESSAGE NOTES

ADDITIONAL NOTES:

WHAT IS THE HOLY SPIRIT SAYING TO ME?
IF I REALLY BELIEVE THIS HOW WOULD IT MAKE ME DIFFERENT?
HOW CAN I PRAISE GOD FOR THIS TRUTH?
WHAT SINS CAN I CONFESS?

MONDAY, FEBRUARY 5

EVERY WORD: **GENESIS 28** EXTRA/FAMILY: **PSALM 36**
❏ **S**CRIPTURE ❏ **O**BSERVATION ❏ **A**PPLICATION ❏ **P**RAYER

ADDITIONAL NOTES:

DAILY GRATITUDE:

TUESDAY, FEBRUARY 6

EVERY WORD: **GENESIS 29** EXTRA/FAMILY: **PSALM 37**
❏ **S**CRIPTURE ❏ **O**BSERVATION ❏ **A**PPLICATION ❏ **P**RAYER

ADDITIONAL NOTES:

DAILY GRATITUDE:

WEDNESDAY, FEBRUARY 7

EVERY WORD: **GENESIS 30** EXTRA/FAMILY: **PSALM 38**

❏ SCRIPTURE ❏ OBSERVATION ❏ APPLICATION ❏ PRAYER

ADDITIONAL NOTES:

DAILY GRATITUDE:

THURSDAY, FEBRUARY 8
EVERY WORD: **GENESIS 31** EXTRA/FAMILY: **PSALM 39**
❏ **S**CRIPTURE ❏ **O**BSERVATION ❏ **A**PPLICATION ❏ **P**RAYER

ADDITIONAL NOTES:

DAILY GRATITUDE:

FRIDAY, FEBRUARY 9
EVERY WORD: **GENESIS 32** EXTRA/FAMILY: **PSALM 40**
❏ **S**CRIPTURE ❏ **O**BSERVATION ❏ **A**PPLICATION ❏ **P**RAYER

ADDITIONAL NOTES:

DAILY GRATITUDE:

SATURDAY, FEBRUARY 10
EVERY WORD: **GENESIS 33** EXTRA/FAMILY: **PSALM 41**
❏ **S**CRIPTURE ❏ **O**BSERVATION ❏ **A**PPLICATION ❏ **P**RAYER

ADDITIONAL NOTES:

DAILY GRATITUDE:

SUNDAY, FEBRUARY 11

EVERY WORD: **GENESIS 34** EXTRA/FAMILY: **PSALM 42**
❏ **S**CRIPTURE ❏ **O**BSERVATION ❏ **A**PPLICATION ❏ **P**RAYER

ADDITIONAL NOTES:

DAILY GRATITUDE:

MESSAGE NOTES

ADDITIONAL NOTES:

WHAT IS THE HOLY SPIRIT SAYING TO ME?
IF I REALLY BELIEVE THIS HOW WOULD IT MAKE ME DIFFERENT?
HOW CAN I PRAISE GOD FOR THIS TRUTH?
WHAT SINS CAN I CONFESS?

MONDAY, FEBRUARY 12

EVERY WORD: **GENESIS 35** EXTRA/FAMILY: **PSALM 43**
❑ **S**CRIPTURE ❑ **O**BSERVATION ❑ **A**PPLICATION ❑ **P**RAYER

ADDITIONAL NOTES:

DAILY GRATITUDE:

TUESDAY, FEBRUARY 13

EVERY WORD: **GENESIS 36** EXTRA/FAMILY: **PSALM 44**
❏ **S**CRIPTURE ❏ **O**BSERVATION ❏ **A**PPLICATION ❏ **P**RAYER

ADDITIONAL NOTES:

DAILY GRATITUDE:

WEDNESDAY, FEBRUARY 14
EVERY WORD: **GENESIS 37** EXTRA/FAMILY: **PSALM 45**
❏ **S**CRIPTURE ❏ **O**BSERVATION ❏ **A**PPLICATION ❏ **P**RAYER

ADDITIONAL NOTES:

DAILY GRATITUDE:

THURSDAY, FEBRUARY 15
EVERY WORD: **GENESIS 38** EXTRA/FAMILY: **PSALM 46**
❏ **S**CRIPTURE ❏ **O**BSERVATION ❏ **A**PPLICATION ❏ **P**RAYER

ADDITIONAL NOTES:

DAILY GRATITUDE:

FRIDAY, FEBRUARY 16

EVERY WORD: **GENESIS 39** EXTRA/FAMILY: **PSALM 47**
❏ SCRIPTURE ❏ OBSERVATION ❏ APPLICATION ❏ PRAYER

ADDITIONAL NOTES:

DAILY GRATITUDE:

SATURDAY, FEBRUARY 17
EVERY WORD: **GENESIS 40** EXTRA/FAMILY: **PSALM 48**
❏ **S**CRIPTURE ❏ **O**BSERVATION ❏ **A**PPLICATION ❏ **P**RAYER

ADDITIONAL NOTES:

DAILY GRATITUDE:

SUNDAY, FEBRUARY 18

EVERY WORD: **GENESIS 41** LENT & EASTER: **JOEL 2:12-17**
❏ **S**CRIPTURE ❏ **O**BSERVATION ❏ **A**PPLICATION ❏ **P**RAYER

ADDITIONAL NOTES:

DAILY GRATITUDE:

MESSAGE NOTES

ADDITIONAL NOTES:

WHAT IS THE HOLY SPIRIT SAYING TO ME?
IF I REALLY BELIEVE THIS HOW WOULD IT MAKE ME DIFFERENT?
HOW CAN I PRAISE GOD FOR THIS TRUTH?
WHAT SINS CAN I CONFESS?

MONDAY, FEBRUARY 19

EVERY WORD: **GENESIS 42** LENT & EASTER: **ISAIAH 58:6-12**
❏ **S**CRIPTURE ❏ **O**BSERVATION ❏ **A**PPLICATION ❏ **P**RAYER

ADDITIONAL NOTES:

DAILY GRATITUDE:

TUESDAY, FEBRUARY 20

EVERY WORD: **GENESIS 43** LENT & EASTER: **PSALM 51:7-12**
❑ **S**CRIPTURE ❑ **O**BSERVATION ❑ **A**PPLICATION ❑ **P**RAYER

ADDITIONAL NOTES:

DAILY GRATITUDE:

WEDNESDAY, FEBRUARY 21

EVERY WORD: **GENESIS 44** LENT & EASTER: **2 CORINTHIANS 5:6-10**
❑ **S**CRIPTURE ❑ **O**BSERVATION ❑ **A**PPLICATION ❑ **P**RAYER

ADDITIONAL NOTES:

DAILY GRATITUDE:

THURSDAY, FEBRUARY 22

EVERY WORD: **GENESIS 45** LENT & EASTER: **MATTHEW 6:1-6**
❑ **S**CRIPTURE ❑ **O**BSERVATION ❑ **A**PPLICATION ❑ **P**RAYER

ADDITIONAL NOTES:

DAILY GRATITUDE:

FRIDAY, FEBRUARY 23

EVERY WORD: **GENESIS 46** LENT & EASTER: **MATTHEW 6:19-21**

❏ **S**CRIPTURE ❏ **O**BSERVATION ❏ **A**PPLICATION ❏ **P**RAYER

ADDITIONAL NOTES:

DAILY GRATITUDE:

SATURDAY, FEBRUARY 24

EVERY WORD: **GENESIS 47** LENT & EASTER: **GENESIS 9:8-17**
❏ **S**CRIPTURE ❏ **O**BSERVATION ❏ **A**PPLICATION ❏ **P**RAYER

ADDITIONAL NOTES:

DAILY GRATITUDE:

SUNDAY, FEBRUARY 25
EVERY WORD: **GENESIS 48** LENT & EASTER: **1 PETER 3:18-22**
❑ **S**CRIPTURE ❑ **O**BSERVATION ❑ **A**PPLICATION ❑ **P**RAYER

ADDITIONAL NOTES:

DAILY GRATITUDE:

MESSAGE NOTES

ADDITIONAL NOTES:

WHAT IS THE HOLY SPIRIT SAYING TO ME?

IF I REALLY BELIEVE THIS HOW WOULD IT MAKE ME DIFFERENT?

HOW CAN I PRAISE GOD FOR THIS TRUTH?

WHAT SINS CAN I CONFESS?

MONDAY, FEBRUARY 26

EVERY WORD: **GENESIS 49** LENT & EASTER: **PSALM 25:1-10**
❏ **S**CRIPTURE ❏ **O**BSERVATION ❏ **A**PPLICATION ❏ **P**RAYER

ADDITIONAL NOTES:

DAILY GRATITUDE:

TUESDAY, FEBRUARY 27

EVERY WORD: **GENESIS 50** LENT & EASTER: **MARK 1:9-15**
❏ **S**CRIPTURE ❏ **O**BSERVATION ❏ **A**PPLICATION ❏ **P**RAYER

ADDITIONAL NOTES:

DAILY GRATITUDE:

WEDNESDAY, FEBRUARY 28
EVERY WORD: **MATTHEW 10** LENT & EASTER: **GENESIS 17:1-7**
❏ **S**CRIPTURE ❏ **O**BSERVATION ❏ **A**PPLICATION ❏ **P**RAYER

ADDITIONAL NOTES:

DAILY GRATITUDE:

THURSDAY, FEBRUARY 29

EVERY WORD: **MATTHEW 11** LENT & EASTER: **PSALM 22:23-31**

❏ **S**CRIPTURE ❏ **O**BSERVATION ❏ **A**PPLICATION ❏ **P**RAYER

ADDITIONAL NOTES:

DAILY GRATITUDE:

FRIDAY, MARCH 1
EVERY WORD: **MATTHEW 12** LENT & EASTER: **ROMANS 4:13-16**
❏ **S**CRIPTURE ❏ **O**BSERVATION ❏ **A**PPLICATION ❏ **P**RAYER

ADDITIONAL NOTES:

DAILY GRATITUDE:

SATURDAY, MARCH 2

EVERY WORD: **MATTHEW 13** LENT & EASTER: **MARK 8:31-38**

❑ **S**CRIPTURE ❑ **O**BSERVATION ❑ **A**PPLICATION ❑ **P**RAYER

ADDITIONAL NOTES:

DAILY GRATITUDE:

SUNDAY, MARCH 3

EVERY WORD: **MATTHEW 14** LENT & EASTER: **MARK 9:2-9**
❏ **S**CRIPTURE ❏ **O**BSERVATION ❏ **A**PPLICATION ❏ **P**RAYER

ADDITIONAL NOTES:

DAILY GRATITUDE:

MESSAGE NOTES

ADDITIONAL NOTES:

WHAT IS THE HOLY SPIRIT SAYING TO ME?

IF I REALLY BELIEVE THIS HOW WOULD IT MAKE ME DIFFERENT?

HOW CAN I PRAISE GOD FOR THIS TRUTH?

WHAT SINS CAN I CONFESS?

MONDAY, MARCH 4

EVERY WORD: **MATTHEW 15** LENT & EASTER: **EXODUS 20:1-17**

❏ **S**CRIPTURE ❏ **O**BSERVATION ❏ **A**PPLICATION ❏ **P**RAYER

ADDITIONAL NOTES:

DAILY GRATITUDE:

TUESDAY, MARCH 5

EVERY WORD: **MATTHEW 16** LENT & EASTER: **PSALM 19**
❏ **S**CRIPTURE ❏ **O**BSERVATION ❏ **A**PPLICATION ❏ **P**RAYER

ADDITIONAL NOTES:

DAILY GRATITUDE:

WEDNESDAY, MARCH 6

EVERY WORD: **MATTHEW 17** LENT & EASTER: **1 CORINTHIANS 1:18-25**
❑ **S**CRIPTURE ❑ **O**BSERVATION ❑ **A**PPLICATION ❑ **P**RAYER

ADDITIONAL NOTES:

DAILY GRATITUDE:

THURSDAY, MARCH 7

EVERY WORD: **MATCHEW 18** LENT & EASTER: **JOHN 2:13-22**

❑ **S**CRIPTURE ❑ **O**BSERVATION ❑ **A**PPLICATION ❑ **P**RAYER

ADDITIONAL NOTES:

DAILY GRATITUDE:

FRIDAY, MARCH 8
EVERY WORD: **MATTHEW 19** LENT & EASTER: **EXODUS 33:12-23**
❏ **S**CRIPTURE ❏ **O**BSERVATION ❏ **A**PPLICATION ❏ **P**RAYER

ADDITIONAL NOTES:

DAILY GRATITUDE:

SATURDAY, MARCH 9
EVERY WORD: **MATTHEW 20** LENT & EASTER: **PSALM 107:17-22**
❏ **S**CRIPTURE ❏ **O**BSERVATION ❏ **A**PPLICATION ❏ **P**RAYER

ADDITIONAL NOTES:

DAILY GRATITUDE:

SUNDAY, MARCH 10

EVERY WORD: **EXODUS 1** LENT & EASTER: **EPHESIANS 2:1-10**
❑ **S**CRIPTURE ❑ **O**BSERVATION ❑ **A**PPLICATION ❑ **P**RAYER

ADDITIONAL NOTES:

DAILY GRATITUDE:

MESSAGE NOTES

ADDITIONAL NOTES:

WHAT IS THE HOLY SPIRIT SAYING TO ME?
IF I REALLY BELIEVE THIS HOW WOULD IT MAKE ME DIFFERENT?
HOW CAN I PRAISE GOD FOR THIS TRUTH?
WHAT SINS CAN I CONFESS?

MONDAY, MARCH 11

EVERY WORD: **EXODUS 2** LENT & EASTER: **JOHN 3:16-21**
❏ **S**CRIPTURE ❏ **O**BSERVATION ❏ **A**PPLICATION ❏ **P**RAYER

ADDITIONAL NOTES:

DAILY GRATITUDE:

TUESDAY, MARCH 12

EVERY WORD: **EXODUS 3** LENT & EASTER: **JEREMIAH 31:31-34**
❏ **S**CRIPTURE ❏ **O**BSERVATION ❏ **A**PPLICATION ❏ **P**RAYER

ADDITIONAL NOTES:

DAILY GRATITUDE:

WEDNESDAY, MARCH 13

EVERY WORD: **EXODUS 4** LENT & EASTER: **PSALM 51:1-7**

❏ **S**CRIPTURE ❏ **O**BSERVATION ❏ **A**PPLICATION ❏ **P**RAYER

ADDITIONAL NOTES:

DAILY GRATITUDE:

THURSDAY, MARCH 14
EVERY WORD: **EXODUS 5** LENT & EASTER: **PSALM 119:9-16**
❑ **S**CRIPTURE ❑ **O**BSERVATION ❑ **A**PPLICATION ❑ **P**RAYER

ADDITIONAL NOTES:

DAILY GRATITUDE:

FRIDAY, MARCH 15

EVERY WORD: **EXODUS 6** LENT & EASTER: **HEBREWS 5:7-10**
❏ **S**CRIPTURE ❏ **O**BSERVATION ❏ **A**PPLICATION ❏ **P**RAYER

ADDITIONAL NOTES:

DAILY GRATITUDE:

SATURDAY, MARCH 16

EVERY WORD: **EXODUS 7** LENT & EASTER: **JOHN 12:20-27**

☐ **S**CRIPTURE ☐ **O**BSERVATION ☐ **A**PPLICATION ☐ **P**RAYER

ADDITIONAL NOTES:

DAILY GRATITUDE:

SUNDAY, MARCH 17

EVERY WORD: **EXODUS 8** LENT & EASTER: **ISAIAH 7:10-14**
❏ **S**CRIPTURE ❏ **O**BSERVATION ❏ **A**PPLICATION ❏ **P**RAYER

ADDITIONAL NOTES:

DAILY GRATITUDE:

MESSAGE NOTES

ADDITIONAL NOTES:

WHAT IS THE HOLY SPIRIT SAYING TO ME?
IF I REALLY BELIEVE THIS HOW WOULD IT MAKE ME DIFFERENT?
HOW CAN I PRAISE GOD FOR THIS TRUTH?
WHAT SINS CAN I CONFESS?

MONDAY, MARCH 18

EVERY WORD: **EXODUS 9** LENT & EASTER: **PSALM 45**
❏ **S**CRIPTURE ❏ **O**BSERVATION ❏ **A**PPLICATION ❏ **P**RAYER

ADDITIONAL NOTES:

DAILY GRATITUDE:

TUESDAY, MARCH 19

EVERY WORD: **EXODUS 10**　LENT & EASTER: **PSALM 40:5-10**
❏ **S**CRIPTURE　❏ **O**BSERVATION　❏ **A**PPLICATION　❏ **P**RAYER

ADDITIONAL NOTES:

DAILY GRATITUDE:

WEDNESDAY, MARCH 20

EVERY WORD: **EXODUS 11** LENT & EASTER: **HEBREWS 10:4-10**

❑ **S**CRIPTURE ❑ **O**BSERVATION ❑ **A**PPLICATION ❑ **P**RAYER

ADDITIONAL NOTES:

DAILY GRATITUDE:

THURSDAY, MARCH 21

EVERY WORD: **EXODUS 12** LENT & EASTER: **LUKE 1:26-38**
❏ **S**CRIPTURE ❏ **O**BSERVATION ❏ **A**PPLICATION ❏ **P**RAYER

ADDITIONAL NOTES:

DAILY GRATITUDE:

FRIDAY, MARCH 22

EVERY WORD: **EXODUS 13** LENT & EASTER: **PSALM 118:1-14**
❏ **S**CRIPTURE ❏ **O**BSERVATION ❏ **A**PPLICATION ❏ **P**RAYER

ADDITIONAL NOTES:

DAILY GRATITUDE:

SATURDAY, MARCH 23

EVERY WORD: **EXODUS 14** LENT & EASTER: **MATTHEW 21:1-11**
❏ **S**CRIPTURE ❏ **O**BSERVATION ❏ **A**PPLICATION ❏ **P**RAYER

ADDITIONAL NOTES:

DAILY GRATITUDE:

SUNDAY, MARCH 24

EVERY WORD: **EXODUS 15** LENT & EASTER: **JOHN 12:12-19**

☐ **S**CRIPTURE ☐ **O**BSERVATION ☐ **A**PPLICATION ☐ **P**RAYER

ADDITIONAL NOTES:

DAILY GRATITUDE:

MESSAGE NOTES

ADDITIONAL NOTES:

WHAT IS THE HOLY SPIRIT SAYING TO ME?
IF I REALLY BELIEVE THIS HOW WOULD IT MAKE ME DIFFERENT?
HOW CAN I PRAISE GOD FOR THIS TRUTH?
WHAT SINS CAN I CONFESS?

MONDAY, MARCH 25

EVERY WORD: **EXODUS 16** LENT & EASTER: **JOHN 11:35-53**

☐ **S**CRIPTURE ☐ **O**BSERVATION ☐ **A**PPLICATION ☐ **P**RAYER

ADDITIONAL NOTES:

DAILY GRATITUDE:

TUESDAY, MARCH 26

EVERY WORD: **EXODUS 17** LENT & EASTER: **JOHN 13:21-30**

❏ **S**CRIPTURE ❏ **O**BSERVATION ❏ **A**PPLICATION ❏ **P**RAYER

ADDITIONAL NOTES:

DAILY GRATITUDE:

WEDNESDAY, MARCH 27
EVERY WORD: **EXODUS 18** LENT & EASTER: **JOHN 13:31-38**
❏ **S**CRIPTURE ❏ **O**BSERVATION ❏ **A**PPLICATION ❏ **P**RAYER

ADDITIONAL NOTES:

DAILY GRATITUDE:

THURSDAY, MARCH 28

EVERY WORD: **EXODUS 19** LENT & EASTER: **JOHN 14**
❏ **S**CRIPTURE ❏ **O**BSERVATION ❏ **A**PPLICATION ❏ **P**RAYER

ADDITIONAL NOTES:

DAILY GRATITUDE:

FRIDAY, MARCH 29

EVERY WORD: **EXODUS 20** LENT & EASTER: **LUKE 22:47-23:49, JOHN 19:1-37**
❏ **S**CRIPTURE ❏ **O**BSERVATION ❏ **A**PPLICATION ❏ **P**RAYER

ADDITIONAL NOTES:

DAILY GRATITUDE:

SATURDAY, MARCH 30
EVERY WORD: **EXODUS 21** LENT & EASTER: **LUKE 23:50-56, JOHN 19:38-42**
❑ **S**CRIPTURE ❑ **O**BSERVATION ❑ **A**PPLICATION ❑ **P**RAYER

ADDITIONAL NOTES:

DAILY GRATITUDE:

SUNDAY, MARCH 31

EVERY WORD: **EXODUS 22** LENT & EASTER: **LUKE 24, JOHN 20**
❏ **S**CRIPTURE ❏ **O**BSERVATION ❏ **A**PPLICATION ❏ **P**RAYER

ADDITIONAL NOTES:

DAILY GRATITUDE:

MESSAGE NOTES

ADDITIONAL NOTES:

WHAT IS THE HOLY SPIRIT SAYING TO ME?
IF I REALLY BELIEVE THIS HOW WOULD IT MAKE ME DIFFERENT?
HOW CAN I PRAISE GOD FOR THIS TRUTH?
WHAT SINS CAN I CONFESS?

MONDAY, APRIL 1

EVERY WORD: **EXODUS 23** EXTRA/FAMILY: **PSALM 49**
❏ **S**CRIPTURE ❏ **O**BSERVATION ❏ **A**PPLICATION ❏ **P**RAYER

ADDITIONAL NOTES:

DAILY GRATITUDE:

TUESDAY, APRIL 2

EVERY WORD: **EXODUS 24** EXTRA/FAMILY: **PSALM 50**
❏ **S**CRIPTURE ❏ **O**BSERVATION ❏ **A**PPLICATION ❏ **P**RAYER

ADDITIONAL NOTES:

DAILY GRATITUDE:

WEDNESDAY, APRIL 3

EVERY WORD: **EXODUS 25** EXTRA/FAMILY: **PSALM 51**
❏ SCRIPTURE ❏ OBSERVATION ❏ APPLICATION ❏ PRAYER

ADDITIONAL NOTES:

DAILY GRATITUDE:

THURSDAY, APRIL 4

EVERY WORD: **EXODUS 26** EXTRA/FAMILY: **PSALM 52**
❏ **S**CRIPTURE ❏ **O**BSERVATION ❏ **A**PPLICATION ❏ **P**RAYER

ADDITIONAL NOTES:

DAILY GRATITUDE:

FRIDAY, APRIL 5

EVERY WORD: **EXODUS 27** EXTRA/FAMILY: **PSALM 53**
❏ **S**CRIPTURE ❏ **O**BSERVATION ❏ **A**PPLICATION ❏ **P**RAYER

ADDITIONAL NOTES:

DAILY GRATITUDE:

SATURDAY, APRIL 6

EVERY WORD: **EXODUS 28** EXTRA/FAMILY: **PSALM 54**
❏ SCRIPTURE ❏ OBSERVATION ❏ APPLICATION ❏ PRAYER

ADDITIONAL NOTES:

DAILY GRATITUDE:

SUNDAY, APRIL 7

EVERY WORD: **EXODUS 29** EXTRA/FAMILY: **PSALM 55**
❏ **S**CRIPTURE ❏ **O**BSERVATION ❏ **A**PPLICATION ❏ **P**RAYER

ADDITIONAL NOTES:

DAILY GRATITUDE:

MESSAGE NOTES

ADDITIONAL NOTES:

WHAT IS THE HOLY SPIRIT SAYING TO ME?
IF I REALLY BELIEVE THIS HOW WOULD IT MAKE ME DIFFERENT?
HOW CAN I PRAISE GOD FOR THIS TRUTH?
WHAT SINS CAN I CONFESS?

MONDAY, APRIL 8

EVERY WORD: **EXODUS 30** EXTRA/FAMILY: **PSALM 56**
❑ SCRIPTURE ❑ OBSERVATION ❑ APPLICATION ❑ PRAYER

ADDITIONAL NOTES:

DAILY GRATITUDE:

TUESDAY, APRIL 9

EVERY WORD: **EXODUS 31** EXTRA/FAMILY: **PSALM 57**
❏ SCRIPTURE ❏ OBSERVATION ❏ APPLICATION ❏ PRAYER

ADDITIONAL NOTES:

DAILY GRATITUDE:

WEDNESDAY, APRIL 10

EVERY WORD: **EXODUS 32** EXTRA/FAMILY: **PSALM 58**
❏ **S**CRIPTURE ❏ **O**BSERVATION ❏ **A**PPLICATION ❏ **P**RAYER

ADDITIONAL NOTES:

DAILY GRATITUDE:

THURSDAY, APRIL 11

EVERY WORD: **EXODUS 33** EXTRA/FAMILY: **PSALM 59**
❏ **S**CRIPTURE ❏ **O**BSERVATION ❏ **A**PPLICATION ❏ **P**RAYER

ADDITIONAL NOTES:

DAILY GRATITUDE:

FRIDAY, APRIL 12

EVERY WORD: **EXODUS 34** EXTRA/FAMILY: **PSALM 60**

❏ **S**CRIPTURE ❏ **O**BSERVATION ❏ **A**PPLICATION ❏ **P**RAYER

ADDITIONAL NOTES:

DAILY GRATITUDE:

SATURDAY, APRIL 13
EVERY WORD: **EXODUS 35** EXTRA/FAMILY: **PSALM 61**
❏ **S**CRIPTURE ❏ **O**BSERVATION ❏ **A**PPLICATION ❏ **P**RAYER

ADDITIONAL NOTES:

DAILY GRATITUDE:

SUNDAY, APRIL 14
EVERY WORD: **EXODUS 36** EXTRA/FAMILY: **PSALM 62**
❏ SCRIPTURE ❏ OBSERVATION ❏ APPLICATION ❏ PRAYER

ADDITIONAL NOTES:

DAILY GRATITUDE:

MESSAGE NOTES

ADDITIONAL NOTES:

WHAT IS THE HOLY SPIRIT SAYING TO ME?
IF I REALLY BELIEVE THIS HOW WOULD IT MAKE ME DIFFERENT?
HOW CAN I PRAISE GOD FOR THIS TRUTH?
WHAT SINS CAN I CONFESS?

MONDAY, APRIL 15

EVERY WORD: **EXODUS 37** EXTRA/FAMILY: **PSALM 63**

☐ **S**CRIPTURE ☐ **O**BSERVATION ☐ **A**PPLICATION ☐ **P**RAYER

ADDITIONAL NOTES:

DAILY GRATITUDE:

TUESDAY, APRIL 16
EVERY WORD: **EXODUS 38** EXTRA/FAMILY: **PSALM 64**
❑ **S**CRIPTURE ❑ **O**BSERVATION ❑ **A**PPLICATION ❑ **P**RAYER

ADDITIONAL NOTES:

DAILY GRATITUDE:

WEDNESDAY, APRIL 17

EVERY WORD: **EXODUS 39** EXTRA/FAMILY: **PSALM 65**
❏ **S**CRIPTURE ❏ **O**BSERVATION ❏ **A**PPLICATION ❏ **P**RAYER

ADDITIONAL NOTES:

DAILY GRATITUDE:

THURSDAY, APRIL 18

EVERY WORD: **EXODUS 40** EXTRA/FAMILY: **PSALM 66**
❏ **S**CRIPTURE ❏ **O**BSERVATION ❏ **A**PPLICATION ❏ **P**RAYER

ADDITIONAL NOTES:

DAILY GRATITUDE:

FRIDAY, APRIL 19
EVERY WORD: **MATTHEW 21** EXTRA/FAMILY: **PSALM 67**
❏ **S**CRIPTURE ❏ **O**BSERVATION ❏ **A**PPLICATION ❏ **P**RAYER

ADDITIONAL NOTES:

DAILY GRATITUDE:

SATURDAY, APRIL 20

EVERY WORD: **MATTHEW 22** EXTRA/FAMILY: **PSALM 68**

❑ **S**CRIPTURE ❑ **O**BSERVATION ❑ **A**PPLICATION ❑ **P**RAYER

ADDITIONAL NOTES:

DAILY GRATITUDE:

SUNDAY, APRIL 21

EVERY WORD: **MATTHEW 23** EXTRA/FAMILY: **PSALM 69**

❑ **S**CRIPTURE ❑ **O**BSERVATION ❑ **A**PPLICATION ❑ **P**RAYER

ADDITIONAL NOTES:

DAILY GRATITUDE:

MESSAGE NOTES

ADDITIONAL NOTES:

WHAT IS THE HOLY SPIRIT SAYING TO ME?
IF I REALLY BELIEVE THIS HOW WOULD IT MAKE ME DIFFERENT?
HOW CAN I PRAISE GOD FOR THIS TRUTH?
WHAT SINS CAN I CONFESS?

MONDAY, APRIL 22

EVERY WORD: **MATTHEW 24** EXTRA/FAMILY: **PSALM 70**
❏ **S**CRIPTURE ❏ **O**BSERVATION ❏ **A**PPLICATION ❏ **P**RAYER

ADDITIONAL NOTES:

DAILY GRATITUDE:

TUESDAY, APRIL 23

EVERY WORD: **MATTHEW 25** EXTRA/FAMILY: **PSALM 71**
❏ **S**CRIPTURE ❏ **O**BSERVATION ❏ **A**PPLICATION ❏ **P**RAYER

ADDITIONAL NOTES:

DAILY GRATITUDE:

WEDNESDAY, APRIL 24
EVERY WORD: **MATTHEW 26** EXTRA/FAMILY: **PSALM 72**
❑ **S**CRIPTURE ❑ **O**BSERVATION ❑ **A**PPLICATION ❑ **P**RAYER

ADDITIONAL NOTES:

DAILY GRATITUDE:

THURSDAY, APRIL 25
EVERY WORD: **MATTHEW 27** EXTRA/FAMILY: **PSALM 73**
❏ **S**CRIPTURE ❏ **O**BSERVATION ❏ **A**PPLICATION ❏ **P**RAYER

ADDITIONAL NOTES:

DAILY GRATITUDE:

FRIDAY, APRIL 26

EVERY WORD: **MATTHEW 28** EXTRA/FAMILY: **PSALM 74**
❏ **S**CRIPTURE ❏ **O**BSERVATION ❏ **A**PPLICATION ❏ **P**RAYER

ADDITIONAL NOTES:

DAILY GRATITUDE:

SATURDAY, APRIL 27
EVERY WORD: **RUTH 1** EXTRA/FAMILY: **PSALM 75**
❏ **S**CRIPTURE ❏ **O**BSERVATION ❏ **A**PPLICATION ❏ **P**RAYER

ADDITIONAL NOTES:

DAILY GRATITUDE:

SUNDAY, APRIL 28
EVERY WORD: **RUTH 2** EXTRA/FAMILY: **PSALM 76**
❏ **S**CRIPTURE ❏ **O**BSERVATION ❏ **A**PPLICATION ❏ **P**RAYER

ADDITIONAL NOTES:

DAILY GRATITUDE:

MESSAGE NOTES

ADDITIONAL NOTES:

WHAT IS THE HOLY SPIRIT SAYING TO ME?
IF I REALLY BELIEVE THIS HOW WOULD IT MAKE ME DIFFERENT?
HOW CAN I PRAISE GOD FOR THIS TRUTH?
WHAT SINS CAN I CONFESS?

MONDAY, APRIL 29
EVERY WORD: **RUTH 3** EXTRA/FAMILY: **PSALM 77:1-15**
❑ **S**CRIPTURE ❑ **O**BSERVATION ❑ **A**PPLICATION ❑ **P**RAYER

ADDITIONAL NOTES:

DAILY GRATITUDE:

TUESDAY, APRIL 30

EVERY WORD: **RUTH 4** EXTRA/FAMILY: **PSALM 77:16-20**
❏ SCRIPTURE ❏ OBSERVATION ❏ APPLICATION ❏ PRAYER

ADDITIONAL NOTES:

DAILY GRATITUDE:

www.ingramcontent.com/pod-product-compliance
Lightning Source LLC
Chambersburg PA
CBHW050509240426
43673CB00004B/162